Das Abendmahl -

Eine verpasste Chance in der Kirche Ostfrieslands?

Oda-Gebbine Holze-Stäblein

Impressum: **Das Abendmahl -**
Eine verpasste Chance in der Kirche Ostfrieslands?
von Oda-Gebbine Holze-Stäblein

4. Auflage vom 1. Dezember 2021

(Hrsg.) V.i.S.P: Hans-Jürgen Sträter
Wacholderstr. 26

Herstellung und Verlag: BoD – Books on Demand, Norderstedt

ISBN: 9783755753476

Coverfoto: Matthias Süßen (Juli 2011)
Der Ihlower Altar in der Lambertikirche Aurich
(commons.wikimedia.org)

Referat beim Kreisfrauentreffen in Leer
am 13.11.2003

Liebe Frauen!

Zunächst möchte ich mich herzlich für die Einladung zu Ihrem Treffen bedanken, und ich will, weil Sie ein volles Programm haben, gleich in das Thema einsteigen:

„Das Abendmahl - eine verpasste
Chance in der Kirche Ostfrieslands?"

Inhalt:

1. Abendmahlsscheu in Ostfriesland

Vor einiger Zeit kam ein Gemeindebrief aus dem Sprengel bei mir in der Landessuperintendentur an, aus dem ich Ihnen ein paar Zeilen vorlesen möchte. Der Pastor schreibt: „Liebe Leser! Es ist Sonntag morgen. Ich stehe mit der Küsterin und einem Kirchenvorsteher in der Kirchentür. Ich wundere mich. Der Gottesdienstbesuch ist heute geringer als sonst. „Dat is doch normal," sagen mir die beiden. „Vandage is doch Kark mit Abendmahl! Dor kamen immer minner Lü!"

Aha! So ist das also in Ostfriesland. Gehört habe ich das schon öfter, dass viele, die sich ansonsten als gute Christen verstehen, um die Kirche einen Bogen machen, wenn das Abendmahl gefeiert wird. Jetzt habe ich es also nicht nur vom Hörensagen erfahren, sondern auch schwarz auf weiß. So ist es wirklich.

Speziell in Ostfriesland gibt es ein ausgeprägte ängstliche Scheu vor dem Abendmahl. Die Ostfriesen sagen: ‚Da steht doch überall unter den Altarbildern, die das Abendmahl darstellen:

*Wer unwürdig isst und trinkt, der isst sich das Abend-
mahl zum Gericht.* - Ja, wenn das so ist: weiß ich denn,
ob ich würdig bin? Dann gehe ich doch lieber auf
Nummer sicher und gehe gar nicht erst hin zum Abendmahl, dann kann ich auch nichts falsch machen.'

Das ist ja eine ganz alte Geschichte, die Abendmahls-
scheu. Ich will sie kurz erzählen. Im 17. Jahrhundert hat
es eine Erweckung gegeben, eine reformiert-pietistische,
und strenger kann es kaum sein.

Da kamen Pastoren aus den Niederlanden nach Ostfriesland, die verkündigten: nur wer sündlos ist, wer
schon ein bekehrter Mensch ist, d.h. mit einem Bein
schon fast im Himmel steht, nur der kann das Abendmahl
würdig empfangen. – Ja, und wer konnte denn von sich
behaupten, er sei sündlos? Selbst frisch gebeichtet kann
es doch passieren, dass einen irgendein böser Gedanke,
irgendeine Versuchung anspringt – und schon ist es
vorbei mit der Sündlosigkeit. Es gab damals Pastoren, die
systematisch ihrer Gemeinde das Abendmahl verweigert

haben mit der Begründung: Ihr seid nicht ohne Sünde, ihr seid nicht würdig.

Und diese Pastoren haben es geschafft, die Gemeinde vom Abendmahl ganz fern zu halten, sie zu entwöhnen. In einer Gemeinde in Ostfriesland ist sechzig Jahre lang kein Abendmahl gefeiert worden.

Wer Jahrhunderte lang eingebläut bekommen hat, dass das mit dem Abendmahl eine gefährliche Sache ist und dass man sich das sogar zum Gericht essen kann, also sich selbst um das ewige Leben bringen kann: dass der nicht mit Freude, sondern mit Angst und Bedrückung zum Tisch des Herrn Jesus kommt und dann eben lieber gar nicht geht: das kann ich absolut nachfühlen.

Und ein weiterer Grund für die Scheu ist sicher die scheinbar unlösbare Verbindung von Beichte und Abendmahl gewesen. Beichte, vorherige Anmeldung, schwarze Kleidung, als ginge man zu einer Beerdigung: wer da die Lust am Abendmahl nicht verliert, der muss schon einen sehr robusten Glauben haben!

Es ist Schaden angerichtet worden.

Nicht materiell; es ist ein tiefer und schwer zu heilender **geistlicher Schaden** entstanden. Den Christen ist eine wesentliche Gabe unseres Herrn schlicht vorenthalten worden.

Was ich heute leisten möchte, ist eine Art Aufräumarbeit. Das ist zunächst ein Stück Kopfarbeit, das Nachdenken darüber, was denn eigentlich mit dem Abendmahl gemeint war.

Die Kopfarbeit kann aber nur ein Teil der Lösung sein. Die eigentliche Veränderung, auch die Veränderung des Denkens, kommt durch eine andere Abendmahlspraxis. Und ich sage auch gleich, was ich gerne erreichen würde: Ich möchte Ihnen das Abendmahl lieb, wenigstens ein bisschen lieber machen.

2. Aufräumarbeiten

2.1. Wie kommt Jesus überhaupt darauf, mit den Jüngern dieses letzte Mahl zu feiern?

Gab es Vorbilder und Vorläufer?

Es ist unbestreitbar: der Ursprung des Abendmahls, das wir bis heute feiern, ist das letzte Zusammensein Jesu am Abend vor seinem Tod. „Unser Herr Jesus, in der Nacht, da er verraten ward...": so beginnen die Einsetzungsworte, die unabdingbar zur Feier des Abendmahls dazu gehören. Die Ursprungsgeschichte wird erzählt. Nicht frei nacherzählt, nicht mit eigenen Worten wiedergegeben, sondern so, wie die Evangelien und Paulus sie überliefert haben. Ich zitiere ihn:

Unser Herr Jesus Christus, in der Nacht, da er verraten ward, nahm er das Brot, dankte, brach's und gab es seinen Jüngern und sprach: Nehmet hin und esset. Das ist mein Leib, der für euch gegeben wird.

Solches tut zu meinem Gedächtnis. Desgleichen nahm er auch den Kelch nach dem Abendmahl, dankte, gab ihnen den und sprach: Nehmet hin und trinket alle daraus.

Dieser Kelch ist das neue Testament in meinem Blut, das für euch vergossen wird zur Vergebung der Sünden. Solches tut, so oft ihr's trinket, zu meinem Gedächtnis. "

Zweimal sagt Jesu: Solches tut zu meinem Gedächtnis. Was meint er damit? Meint er damit ausschließlich die Erinnerung an seinen nun unmittelbar bevorstehenden Tod? Sollen die Jünger also - und nach ihnen wir – das Abendmahl als eine Totengedächtnisfeier feiern? Weithin geschah ja genau das und geschieht auch heute noch in manchen Gegenden. Aber meinte er wirklich das? Sollen wir uns denn nur an seinen Tod erinnern? – Zum Gedächtnis Jesu feiern heißt: sich an alles erinnern, was er gesagt und getan hat.

Also: das Abendmahl feiern in Erinnerung an das Leben Jesu. Denn sein Tod ist doch die Konsequenz und der vorläufige Endpunkt eines Lebens, das sich wesentlich vom Leben anderer Menschen unterschieden hat.

Jesus predigt. Er kündigt in seinem Reden und seinem Tun den bevorstehenden Anbruch und Durchbruch des Reiches Gottes, der Königsherrschaft Gottes.

Er sagt: „Gottes Reich ist im Anbruch, Gott selbst steht vor der Tür." Aber: anders als Johannes der Täufer, dessen strenger Bußruf durch das Land schallt, predigt Jesus nicht nur: „Tut Buße", sondern auch: „Freut euch! Werft eure Ängste und Lasten weg! Entsprecht in euren Worten und Taten schon jetzt der kommenden Barmherzigkeit und Großzügigkeit eures Vaters im Himmel! Lasst euch einladen in seine Gemeinschaft. Ihr müsst nichts vorweisen, nichts mitbringen. Kommt so, wie ihr seid!"

Und im Vorgriff auf das Kommen der Gottesherrschaft heilt Jesus Kranke, führt er Ausgeschlossene in die Gemeinschaft zurück, vergibt er Sündern und feiert mit seinen Jüngerinnen und Jüngern, aber auch mit anderen das bevorstehende Reich Gottes, indem er mit ihnen zu Tisch sitzt. Das Teilen von Nahrung, von Brot, und das Teilen der Freude des Festes, im Trinken von Wein, das ist der stärkste Ausdruck von Frieden, Gemeinschaft und Freude, den wir überhaupt kennen!

Diese gemeinsamen Mahlzeiten müssen so charakteristisch für Jesus gewesen sein, dass seine Gegner ihn als „Fresser und Weinsäufer" verunglimpft haben.

Das war er sicherlich nicht. Die Mahlzeiten werden sehr schlicht gewesen sein: Brotfladen und Wein, mit Wasser gemischt, vielleicht Oliven und Datteln dazu. Elementare Nahrung und Köstlichkeit in einem.

Vielleicht war da auch Mitgebrachtes dabei, wie wir das ja auch kennen. - Und wer saß dabei? Das waren doch keine Arbeitsessen im kleinen Kreis der Jünger! Es waren sicher häufig Mahlzeiten in großer Gemeinschaft. Da waren natürlich auch Frauen dabei, und die Kinder wurden nicht weggeschickt, wenn es etwas zu essen gab. Die waren doch selbstverständlich dabei!

Und es waren eben auch die dabei, mit denen andere sich niemals an einen Tisch gesetzt hätten: zweifelhafte Gestalten; die, die mit einem Gebrechen behaftet waren;

die Witwen in ihren schwarzen Trauerkleidern, die niemand einlud, damals nicht und heute auch nicht! Und es waren auch die Zöllner dabei und nachweislich die Dorfdirnen. Eine ganz bunte Gesellschaft also, so bunt, wie das Menschenvolk nun eben ist!

Und was passierte bei diesen Mahlzeiten? Doch ganz gewiss nicht nur, dass man aß und trank und stumm vor sich hin guckte, man gerade bis zum Tellerrand der Nachbarn! - Falls es schon Teller gegeben hätte...! –

Vielleicht gab es Vorstellungsrunden, damit man wusste, wer da mit am Tisch saß. Und es wurde erzählt. Jesus selber erzählt in Gleichnissen vom Reich Gottes, in dem die Menschen mit Gott zu Tisch sitzen werden – „Ja," sagt Jesu, „genau so, wie wir jetzt miteinander am Tisch sitzen." –

Und als er das sagt, da hat der eine oder die andere das Gefühl, schon jetzt halbwegs im Paradies zu sein. Und da hat jemand ein Musikinstrument mit dabei, und sie singen. Das ganze Mahl aber lebt davon, dass Jesus mit am Tisch sitzt. Er ist der Gastgeber. Von ihm geht der

Geist aus, der das Mahl bestimmt: Geist des Friedens, der Gemeinschaft und der Freude.

Da wird auch gelacht!

Eins aber wird sich den Jüngern, die es immer wieder erleben, unauslöschlich einprägen:

Das ist der immer gleiche Anfang dieser Mahlzeiten: alle Augen sind auf Jesus gerichtet. Vor ihm liegt ein Brotfladen, steht ein Becher Wein, vielleicht auch die Schale mit Oliven oder mit Früchten. Jesus breitet die Hände aus, schaut zum Himmel und spricht die Beracha: den Dank an Gott und den Segen über den Gaben und der Gemeinschaft, die um den Tisch sitzt. *„Er dankte, brach das Brot und gab es seinen Jüngern."* heißt es in den Einsetzungsworten.

Hundertmal haben sie es gesehen, haben ihn gesehen und haben gespürt, wie ein Strom von Segen von ihm ausging und sie überströmte. Es ist ein Bild in ihrer Seele geworden.

Ich glaube, auch wenn Jesus nicht am Abend vor seinem Tod mit den Jüngerinnen und Jüngern zusammengesessen hätte und dabei dieses Abendmahl „eingesetzt" und ihm einen neuen, gültigen Sinn gegeben hätte: sie wären auch dann zusammengekommen und hätten in Erinnerung an Jesus Brot und Wein gesegnet und miteinander geteilt; einfach deswegen, weil sie es so kannten und weil auf diese Weise sein Bild in ihren Herzen lebendig war! –

Solches tut zu meinem Gedächtnis – : ein ganz wesentlicher Aspekt des Abendmahls: sich erinnern an den lebenden Jesus, an seine Festfreude, seine Liebe, seine Predigt, seine Geschichten vom Reich Gottes. – Nur: vielleicht wäre das Ganze doch mit der Zeit zu einem reinen Erinnerungsritual erstarrt; mit dem hätte man einen großen Toten zwar Ehre erwiesen, aber es hätte keine Strahlkraft und keine Auswirkungen auf das Leben derer gehabt, die da feierten und sich erinnerten. – Darum die Frage: ist Erinnerung schon der ganze Sinn des Abendmahls?

Ich komme zum zweiten Punkt meiner „Aufräum-arbeiten":

2.2 Das Abendmahl als Verkündigung des Todes Jesu

Es ist keine Frage: das Abendmahl hat zentral mit dem Tod Jesu zu tun. Jesus hat am Abend vor seinem Tod dieses Mahl gefeiert. Er wusste genau, was auf ihn zukam. Er ist dem nicht ausgewichen, aber die unmittelbar an das Abendmahl anschließende Szene im Garten Gethsemane zeigt auch, wie groß seine Angst war. *„Meine Seele ist betrübt bis in den Tod"* sagt er zu seinen Jüngern. *„Bleibet hier und wachet mit mir."* Er braucht sie jetzt dringlicher als je zuvor. Aber sie verkriechen sich in eigene Angst, flüchten sich in den Schlaf, blenden ab und blenden aus, was ihnen zu viel wird. Und da sind wir näher beim Zentrum des Abendmahls, als vielleicht zunächst deutlich war.

Der Tod Jesu war kein bedauerlicher Unfall und auch kein normales Ausklingen eines bewegten Lebens. Jesus ist getötet worden, unschuldig, und doch hingerichtet.

Gekreuzigt: eine brutale Hinrichtungsart.

In diesem gewaltsamen Tod Jesu kam das zum Vorschein, was zu uns Menschen gehört von Anbeginn an: unsere Schwachheit, dem Bösen zu widerstehen, unsere Feindschaft gegen Gott, unsere heimliche und unheimliche Lust an der Gewalt; unsere Unfähigkeit, in Frieden zu leben; unsere Feigheit, wenn es gilt, standzuhalten. Wie in einem Brennglas bündelt sich das Böse, das wir einander antun und nicht besiegen können, in diesem gewaltsamen Tod Jesu.

Gott, das Gute, wird aus der Welt herausgedrängt. Er soll in ihr keinen Platz haben. In diesem Tod äußert sich der Protest des Menschen gegen seinen Gott und gegen das, was ihn auf einen Weg des Friedens und der Versöhnung bringen will. So hat die Christenheit diesen Tod Jesu von Anfang an verstanden: als ein zwar an einem Ort, zu einer bestimmten Zeit geschehenes, dennoch universales Ereignis. Einer wurde zum Opfer gemacht für die Sünde der Vielen. Eine Menschengeschichte. Sie zeigt, wer der Mensch ist, in seinen bösen Möglichkeiten.

Aber es ist auch eine Gottesgeschichte.

Denn Jesus, von dem wir hören und glauben, er sei Sohn Gottes, nimmt diesen Tod als seinen Weg an und verbürgt sich mit seinem Leben für die Liebe und Barmherzigkeit des Vaters, von der er so viel erzählt hat. Er gibt sein Leben aus eigenem Entschluss hin. Er wirft sein Leben in die Bresche, in den Graben zwischen Gott und Mensch, um diesen Graben zu überbrücken.

Diese Hingabe kommt in den Einsetzungsworten zum Ausdruck: *Das ist mein Leib, der für euch gegeben wird. Das ist der neue Bund in meinem Blut.* Zusammenfassend: das bin ich. Ich habe mein Leben mit euch geteilt bis jetzt. Auch mein Tod geschieht für euch, kommt euch zugute, damit ihr euch versöhnt mit Gott. Ich gebe euch Anteil an meinem Leib und Leben, damit in euch das wächst, und stark wird, was euch mit Gott vereinen kann. „Für euch" sagt Paulus. Andere fügen hinzu: „zur Vergebung der Sünden". Das bedeutet: dieses Mahl, verbunden mit den Worten Jesu, ist die Vergebung, die Aufhebung der Trennung von Gott, die Zusammenfügung zu einer

Gemeinschaft, in der er der Gastgeber und Einladende und zugleich die Gabe ist. Das Abendmahl sagt: nichts soll euch trennen von Gott und untereinander.

Ihr seid Kinder Gottes, Mitbürger und Hausgenossen im Reich Gottes schon jetzt. Wiederherstellung der zerbrochenen Gemeinschaft. Vergebung der Sünde für den, der das einfach so schlicht annimmt, wie es gesagt ist: „Für dich. Dir sind deine Sünden vergeben." Dafür gibt er sein Leben hin als Opfer.

Ich komme zum dritten Punkt der Aufräumarbeiten:

2.3. Das Abendmahl: ein Mahl der Hoffnung auf das kommende, aber immer noch ausstehende Reich Gottes.

Paulus schließt an die ihm überlieferten Worte Jesu einen wichtigen Satz an: *„Sooft ihr von diesem Brot esst und aus diesem Kelch trinkt, verkündigt ihr den Tod des Herrn, bis er kommt."* Das ist Beschreibung und Auftrag zugleich: so ist es jetzt, und so soll es in alle Zukunft sein, *„bis er kommt."*

Für Paulus ist also das Mahl nicht nur ein Zusammenkommen und Essen zur Erinnerung an das Leben und den Tod Jesu und auch nicht nur die Verkündigung seines Todes für uns. Das Abendmahl zieht vielmehr die Zukunft schon in die Gegenwart hinein: – „ ... *bis dass er kommt.*" – Für Paulus hofft uns weiß im Glauben: Christus wird wiederkommen, und bis das geschieht, feiern und verkündigen wir als seine Gemeinde stellvertretend für ihn, immer in dem Wissen: diese Abwesenheit ist nur vorübergehend.

Er kommt selbstverständlich wieder, und dann feiern wir gemeinsam.

Und dieses Wiederkommen ist verbunden mit dem Kommen des Reiches Gottes. Diese Welt, so, wie sie ist, kann nicht die letztgültige sein. Sie ist unvollkommen und vorläufig, weil sie nicht mehr das Paradies ist. Es steht noch das Endgültige aus. „Es kommt alles noch einmal zur Sprache." *Gott wird abwischen alle Tränen. „Siehe, ich mache alles neu."* (Offenbarung 21, 4+5). Christliche Hoffnung ist keine Jenseitshoffnung in dem Sinn, wie das meistens verstanden wird: die individuelle Erwartung, dass <u>ich</u> in den Himmel komme. Nein: der Himmel wird zu uns kommen. Gott wird diese Welt neu schaffen, diese Erde verwandeln, einen neuen Himmel und eine neue Erde schaffen, *„in welchen Gerechtigkeit wohnt."*

In diese Hoffnung hinein gehört auch die Hoffnung auf das Kommen Christi ... *„bis dass er kommt"*, das ist der Punkt auf den sich die Hoffnung richtet. Die Evangelisten überliefern ein Wort Jesu, das auf andere Weise dasselbe ausdrückt: Jesus gibt den Jüngerinnen und Jüngern den Kelch mit dem Wein und sagt:

„Ich werde von diesem Gewächs des Weinstocks nicht mehr trinken, bis an den Tag, an dem ich aufs neue davon trinke im Reich Gottes." Das heißt doch: Jesus selbst erwartet das Kommen des Reiches Gottes und nimmt Abschied von den Jüngern in der Gewissheit, dass dieser Abschied nicht für ewig ist.

Also: Vorfreude. Das Abendmahl ist kein Totengedächtnismahl, bei dem man sich alte Geschichten von früher erzählt. Abschied und Vorfreude, Tränen und Lachen,

23

Lächeln unter Tränen: das ist Feier des Abendmahls, und das heißt: Feier Jesu, Feier der Gemeinschaft, bei der er Gastgeber ist! „Nach dem Krieg um halb fünf treffen wir uns wieder": das Lachen darf und muss zum Abendmahl gehören, weil das Lachen auch die Macht der Finsternis vertreiben hilft. Wo gelacht wird, da ist es hell, da breitet sich Helligkeit aus, wie das Licht einer einzigen Kerze einen ganz dunklen Raum verwandeln kann. Wir denken viel zu wenig über das Lachen Gottes und über die Freude des Glaubens nach. Wir kultivieren immer noch eine tintenschwarze Traurigkeit. Ich meine nicht die aufgesetzte Fröhlichkeit der Spaßgesellschaft.

Ich meine die Glaubensheiterkeit, die aus dem Sieg der Liebe über den Hass, des Lichtes über die Dunkelheit, die aus dem Sieg des Christus über Tod und Teufel kommt. Und nun der letzte Punkt:

2.4 Das Abendmahl ist eine Mahlfeier mit dem auferstandenen Christus. Der Einladende ist in Brot und Wein selber gegenwärtig.

Erinnerung an das Leben Jesus – Tod als Opfer und Tod als Hingabe: für uns, uns zu Gute - Vorfreude auf die endgültige Gemeinschaft mit ihm: das waren bisher die drei „Stationen" des Abendmahls. Sie werden untereinander verbunden durch etwas, von dem bisher noch nicht die Rede war.

Der Tod Jesu war nicht sein Ende. Er selber hat von sich selbst im Bild des Weizenkornes gesprochen, das in die Erde fällt und stirbt und nur so Frucht bringt für die Vielen. Das Abendmahl ist auch begründet in der Botschaft des Neuen Testaments, dass Jesus auferstanden ist. Er ist nicht im Tod geblieben. Gott hat ihn in sein unvergängliches Leben geholt, und an diesem Leben sollen wir teilhaben.

Es ist also keine Geisterstimme aus dem Reich der Toten, die zu uns spricht.

Es ist der lebendige Christus, ausgestattet mit der Vollmacht Gottes, uns ins Leben einzuladen.

Die Geschichte von den Emmausjüngern Lukas 24 und andere Ostergeschichten sagen es deutlich: es ist eine andere, uns unbekannte Weise des Lebens, die er hat. Er begegnet uns und begleitet uns als der Lebendige. Er lädt ein und feiert das Mahl mit uns, wie er es auch vor seinem Tod getan hat hat. Die Jünger erkennen ihn am Brotbrechen und Danken und Teilen.

Es ist das Mahl der Gemeinschaft mit dem lebendigen Gott in Christus, zu dem wir eingeladen sind.

Jahrhunderte lang ist darum gestritten worden, in welcher Weise denn Christus in Brot und Wein gegenwärtig sei. Der Streit hat nichts ausgetragen. Wir dürfen uns begnügen mit seinem Wort, seiner Zusage: Nehmt und esst. Das bin ich. „In, mit und unter Brot und Wein ist Christus gegenwärtig in unserer Mitte." So sagt es eine reformatorische Formel. Was muss ich mehr wissen? Wir werden das Abendmahl nie bis ins Letzte ergründen.

Aber es gilt auch hier, was Luthers Freund und Mitreformator Philipp Melanchthon einmal geschrieben hat: „Christus erkennen heißt seine Wohltaten erkennen."

Das Abendmahl verstehen heißt, es als eine Wohltat Gottes in Empfang zu nehmen, die mir Anteil am Leben des auferstandenen, sündenvergebenden Christus gibt und mich mit anderen zu einer versöhnten Gemeinschaft zusammenfügt.

Mehr braucht es nicht.

In der katholischen Kirche wird das Abendmahl Eucharistie genannt. Ein schöner Name. Er bedeutet Danksagung. Das ist in einem Wort zusammengefasst das, was wir beim Abendmahl „leisten" können.

Wir können und sollen aus vollem Herzen Gott Dank sagen für Jesus Christus, die Gabe des Lebens an uns.

In ihm erfahren wir Zuspruch, Neuanfang, Angenommensein, Vergebung und durch ihn Gemeinschaft mit anderen. Er schickt uns auf den Weg durch die Zeiten und sorgt dafür, dass wir Wegzehrung haben: das Wort und das Mahl.

3. Klärungen

Ich liste im folgenden ein paar Fragen auf, die immer wieder Anlass zu Streit und Verunsicherung geben, und will versuchen, sie zu beantworten.

3. 1. Frage: Wie ist das zu verstehen:

„Wer unwürdig von diesem Brot isst ... der wird schuldig am Leib des Herrn. Wer den Leib nicht achtet, isst und trinkt sich selber zum Gericht.“? -   Dieser Satz hat ja nicht nur in Ostfriesland Unheil gestiftet. Wer den ganzen Abschnitt im Zusammenhang liest, versteht sofort, worum es geht. Paulus kritisiert die Art, wie in Korinth Abendmahl gefeiert wird.

Text 1. Kor. 11, 17-29. 33-34:

17 Dies aber muss ich befehlen: Ich kann's nicht loben, dass ihr nicht zu eurem Nutzen, sondern zu eurem Schaden zusammenkommt...

20 Wenn ihr nun zusammenkommt, so hält man da nicht das Abendmahl des Herrn.

21 Denn jeder nimmt beim Essen sein eigenes Mahl vorweg, und der eine ist hungrig, der andere betrunken.

22 Habt ihr denn nicht Häuser, wo ihr essen und trinken könnt? Oder verachtet ihr die Gemeinde Gottes und beschämt die, die nichts haben? Soll ich euch loben? Hierin lobe ich euch nicht.

23 Denn ich habe von dem Herrn empfangen, was ich euch weitergegeben habe.... Dann zitiert Paulus die Einsetzungsworte und fährt fort:

27 Wer nun unwürdig von dem Brot isst oder aus dem Kelch des Herrn trinkt, der wird schuldig sein am Leib und Blut des Herrn...

33 Darum, meine lieben Brüder, wenn ihr zusammenkommt, um zu essen, so wartet aufeinander.

34 Hat jemand Hunger, so esse er daheim, damit ihr nicht zum Gericht zusammenkommt.

Offenbar war in Korinth mit der Abendmahlsfeier eine normale Mahlzeit verbunden, bei der es mitunter hoch herging: die Armen nagten an ihrer Brotrinde, die Reichen ließen sich voll laufen und waren betrunken. Von Gemeinschaft und gar von Teilen keine Spur! Das ärgert den Apostel, und er empfindet das als eine Verachtung des Abendmahls.

Das soll doch Gemeinschaft der Liebe stiften! Dieses Gelage vorweg widerspricht dem Sinn des Abendmahls! Das ist die unwürdige Praxis, um die es sich handelt: das lieblose Gegen- und Nebeneinander. Das ist alles, worum es hier geht. Es ist nicht die Rede von Selbstzerknirschung und Reue, von Beichte und Buße, mit der man sich selbst vorbereiten und „würdig" machen soll!

Überhaupt: was heißt „würdig"? Wir sind und bleiben allesamt unwürdig zum Abendmahl, wenn wir auf uns selbst und unser Leben schauen.

Aber gerade darum lädt uns der auferstandene Christus doch ein: damit wir von ihm die „Würdigkeit" und neue Würde der erlösten Kinder Gottes empfangen! Es werden eben keine Barrieren aufgerichtet. Wer sich einladen lässt, wird von Christus für würdig erklärt. Das Abendmahl ist kein Mahl der Sündlosen, sondern der Sünder, die die Liebe Gottes leibhaftig erfahren, indem sie essen und trinken und hören, was ihnen zugesagt wird! Alles andere ist eine schlimme Verkehrung des Abendmahles in sein Gegenteil!

3. 2. Aus diesem Punkt ergibt sich das Weitere:

Sind Beichte und Abendmahl zwingend miteinander verbunden?

Nein, das sind sie nicht. Im Neuen Testament nicht und auch zur Zeit Martin Luthers nicht. Es ist eine Frucht des Pietismus, der so viel Wert auf die Buße und die Bekehrung legte, dass diese Verbindung hergestellt wurde.

Eine Anmeldung zur Beichte einschließlich Abgabe war zwar Sitte, ist aber nicht Evangelium, keine frohmachende, sondern eine bedrückende Praxis.

Im übrigen gilt für jeden Gottesdienst, dass wir unser Gewissen erforschen und uns auch mit unseren Schattenseiten und Sünden Gott öffnen sollen; dass wir uns vor ihm aussprechen und unser Herz ausschütten und öffnen sollen. Es ist aber keine Last, sondern eine Chance, mit Gott und uns selbst wieder ins Reine zu kommen. Jedes „Kyrie eleison" = Herr, erbarme dich ist Ausdruck dafür, dass es darum geht. Darum sollte viel mehr Zeit zum stillen Gebet gelassen werden.

Das Gespräch mit Gott braucht Zeit; damit ich meine eigenen Worte finden kann.

Ich bedauere es dennoch, dass wir in der evangelischen Kirche die Beichte aufgegeben haben. Und es gilt leider: was man einmal aufgegeben hat, das kann man nicht zurückholen. Die Beichte war eine Möglichkeit, persönlich Entlastung und Vergebung in einer sehr konkreten Situation zu erfahren. Heute gehen die Menschen zu Therapeuten und Beratungsstellen. Die können beraten und analysieren etc. Alles gut und nützlich. Nur: Schuld vergeben können sie nicht. Schade um die vertane Chance der Kirche, Menschen Entlastung zuzusprechen!

Aber dass die zwingende Verbindung Beichte – Abendmahl aufgegeben wurde, das ist gut. Sie hat den Sinn des Abendmahls zusätzlich verkehrt, die Freude verhindert, die Atmosphäre bedrückend gemacht. Darum ist es aber auch zwingend notwendig, die Einsetzungsworte so zu zitieren, wie sie da stehen: ... „zur Vergebung der Sünden." Wenn das weggelassen oder umformuliert wird in der Meinung, man könne es den Menschen heute nicht mehr zumuten, dann nimmt man ihnen etwas weg!

3. 3. Wozu ist das Abendmahl nötig? Haben wir nicht alles im Wort, in der Predigt?

Antwort: Einerseits ja. Das Abendmahl fügt dem Evangelium keine neue Einsicht hinzu. Aber im Abendmahl nimmt Jesus ernst, dass die Menschen aus Fleisch und Blut sind, leibhaftig und mit Sinnen ausgestattet. Glaube findet nicht nur im Kopf statt, wo Worte ankommen. Glaube hat und braucht auch das Leibliche und will uns als ganze Geschöpfe froh machen. Das Abendmahl ist der Geschmack des Glaubens. Brot muss ich essen. Ich kann seinen Geschmack nicht erklären. Die Wirkung von Wein muss ich erfahren. Ich kann sie nicht mitteilen. Das Abendmahl gibt die gleiche Gabe wie das Wort Gottes, aber auf andere Weise. Gerade darum aber dürften unsere Gottesdienste und Abendmahls-Feiern mehr für Leib und Sinne bieten: z.B. fröhliche Choräle zur Austeilung und keine Beerdigungsmusik. Die Zuwendung zueinander beim Empfangen und Weitergeben darf deutlicher sein. Es ist nirgendwo verboten, einander beim Abendmahl freundlich anzuschauen! Also: Mut zur Freude! Sie entspricht dem Abendmahl mehr als die düstere Leichenbittermiene!

4. Warum Brot, warum Wein? Kann's nicht auch was anderes sein?

Jesus hat die Mahlzeiten mit dem Alltäglichen gefeiert, was zum zum Leben der Menschen dazugehörte: Brot als elementares Nahrungsmittel; Wein als Getränk der Freude und des Festes – Alltägliches und Besonderes, beides brauchen wir im Rhythmus unseres Lebens. Hätte er in anderen Weltgegenden gelebt, dann hätte Jesus vielleicht andere Elemente für das Abendmahl gewählt.

So aber sind dies die Elemente, die auch nicht ausgetauscht werden sollten. Alltag und Fest: beides gehört zum Leben. Und beides, Körner und Trauben, sind gute Symbole der werdenden Gemeinschaft: aus vielen Körnern wird ein Brot, aus vielen Trauben der eine Wein.

Es spricht nichts dagegen, statt der Oblate richtiges Brot zu essen. Es spricht nichts dagegen, statt Wein auch Traubensaft zu trinken, wo das nötig ist.

Ich wehre mich aber ganz entschieden gegen Einseitigkeit und damit Intoleranz. Wem der Saft wichtig und geboten ist, für den stehe Saft bereit.

Wem der Wein wichtig und geboten ist, für den stehe Wein bereit! Ich finde es nicht in Ordnung, wenn grundsätzlich nur Saft gereicht wird oder – was auch vorkommt! – wenn nur der Wein angeboten wird. Warum können wir einander nicht die Freiheit geben und lassen, es so oder so oder mal so, mal so zu mögen! Ich bin also ganz entschieden für eine Mischpraxis und habe dafür an verschiedenen Orten gute Beispiele gesehen.

Mischpraxis heißt: rechte Altarseite Wein, linke Saft, aber eine Feier. Mischpraxis kann auch heißen: an jedem 2. oder 3. Sonntag Wein oder Saft, je nachdem, was die Regel ist. Diese Art Mischpraxis ist aber nur dort möglich, wo häufig Abendmahl gefeiert wird.

5. Gemeinschafts- oder Einzelkelch?

Wenn die erste Abendmahls-Feier eine Passah-Feier war, dann hatte jeder einen Becher für den Wein vor sich stehen. Das sind ja auch sonst die normalen Trinksitten.

Jesus aber hat offensichtlich einen Kelch herum gereicht, obwohl alle einen Becher in der Hand oder vor sich stehen hatten.

Offenbar war ihm folgendes wichtig: das Brechen des einen Brotes und Austeilen an alle; das Füllen des einen Kelches und Herumgeben an alle. Das unterschied das Abendmahl von vorneherein von anderen Mahlzeiten. Nun ist es kein großes Problem, Oblaten auszuteilen oder einen Korb mit Brotstückchen herumgehen zu lassen.

Schöner ist es, wenn beim Tischabendmahl das ganze Brot auf den Tisch kommt und von ihm abgebrochen wird: Der Eine – die Vielen: das wird dadurch symbolisch angedeutet.

Mit dem einen Kelch und den vielen ist das schwieriger. Einzelkelche müssen angeschafft werden. Und die Geste des Trinkens hat häufig etwas von Schnapstrinken.

Es sind noch keine guten Formen des Umgangs mit Einzelkelchen gefunden worden. Das hygienische Problem ist im Grunde nicht wirklich da: wenn man einen Kelch nach 4-5 Kommunikanten wechselt und reinigen lässt, ist der Hygiene Genüge getan. Das allerdings muss auch sein, um der Empfindlichkeit des Menschen Rechnung zu tragen. Ich würde dem Gemeinschaftskelch immer den Vorzug geben, weil er das klarere Symbol der Gemeinschaft der Christen ist.

6. Wie oft darf man das Abendmahl feiern?

Die ersten Christen haben, wie aus der alten Bezeichnung „Herrenmahl" hervorgeht, das Abendmahl an jedem Tag des Herrn, also an jedem Sonntag, gefeiert. Ich habe schon erwähnt, dass es vor der Reformation anders üblich war. Luther hat an die frühchristliche Tradition angeknüpft, allerdings nicht mit dauerhaftem Erfolg. - Von 2 x im Jahr bis 12 x im Jahr ist inzwischen alles im Gebrauch, mit der Tendenz allerdings, das Abendmahl öfter zu feiern. Ich wäre sehr glücklich, wenn 1 x im Monat sich einbürgern würde. Das Abendmahl soll nicht durch seltenes Feiern zu einem abgehobenen, feierlichen Akt gemacht werden. Es soll als Gabe Jesu in Gebrauch genommen werden. Es soll Nahrung für die Seele sein. Und die Seele braucht nicht nur 1 x im Jahr Nahrung. Auch nicht nur 1 x im Monat, aber ich will nicht nach den Sternen greifen.

7. Dürfen Kinder das Abendmahl mitfeiern?

Antwort: Ja. Die traditionelle Meinung, das Abendmahl müsse erst verstanden werden, bevor man dazu zugelassen wird, ist überholt. Im Konfirmandenunterricht hat es sich längst eingebürgert, nach einer Unterweisung im Unterricht der Jugendlichen die Jugendlichen zum Abendmahl zuzulassen. Eine echte Abendmahlspraxis hilft hier zum Verständnis. Das gilt auch für Kinder. Sie werden auch sonst nicht weggeschickt, wenn es etwas zu essen gibt! Sie sollen teilnehmen, wenn sie wollen. Sie verstehen viel elementarer und ganzheitlicher als wir Erwachsenen. Es kann dann vorkommen, dass ein Kind auch dem Teddy auf dem Arm etwas vom Brot gibt und ihm den Kelch ans Bärenmaul setzt. Weil es seinen Teddybären liebt, möchte es, dass er teilnimmt. Wenn ein Kind das kann, um wie viel mehr wird der Gastgeber alle dabei haben wollen, die er liebt!

Im übrigen: wenn es so wäre, dass man das Abendmahl erst verstanden haben muss, um es feiern zu können, wer darf dann überhaupt teilnehmen? Wer hat es denn verstanden?

Es ist keine Kopfnahrung, sondern es will über den Leib auch der Seele eine Wohltat erweisen, will den „ganzen Menschen satt und heil" machen. Rational wird man das nie ganz erfassen. Sakramente sind Gaben, die in Wort und Element Anteil geben am Göttlichen. Man kann ein Sakrament so wenig verstehen wie die Liebe oder das Geheimnis einer guten Ehe. Und doch gibt es das. Also: „Lasset die Kinder zu mir kommen und hindert sie nicht daran, denn das Reich Gottes gehört denen, die so sind wie Kinder."

Das Abendmahl: eine Chance für unsere Kirche!
Aber wir brauchen auch eine andere Praxis!

Es sollte nicht nur eine Art von Abendmahls-Feier geben!

Es kann geben:
- die gesungene Form
- die gesprochene Form
- das Abendmahl im Familiengottesdienst
- das Abendmahl im Seniorenheim

- das Abendmahl in der Hausgemeinde mit jemandem, der krank ist;

- das Abendmahl als Tischabendmahlfeier in der Kirche oder im Gemeindehaus, mit einem Sättigungsmahl im Anschluss an die Mahlfeier;

- das Abendmahl bei einer Freizeit und in einem Openair-Gottesdienst unter freiem Himmel;

- das Abendmahl in Frauen- oder Männergottesdiensten

- mit Kanons und Taize-Gesängen; mit festlicher Musik.

- ein großer Kreis, einander weitergebend oder die Gaben durch die Reihen weitergebend.

Wir sollten wegkommen von dieser steifen Haltung hin zu einer Feier, die Herz und Sinne anspricht und doch nicht würdelos ist.

Christus lädt uns an seinen Tisch, wie wir sind. Seine Worte sind unmissverständlich, seine Arme sind ausgebreitet. Warum sollten wir nein sagen!! Das Abendmahl ist die Wegzehrung, der Reiseproviant, den er selbst uns für unseren Weg als Kirche durch die Zeit mitgibt.

Ein gastliches Haus, eine Herberge am Weg soll diese Kirche sein. Was wäre ein gastliches Haus, in dem es nichts zu essen und zu trinken gibt!

Ich schließe mit einem Gedicht von Georg Trakl,

vor über 100 Jahren geschrieben:

Wenn der Schnee ans Fenster fällt,

lang die Abendglocke läutet,

vielen ist der Tisch bereitet,

und das Haus ist wohl bestellt.

Mancher auf der Wanderschaft

kommt ans Tor auf dunklen Pfaden.

Golden blüht der Baum der Gnaden

aus der Erde kühlem Saft.

Wanderer, tritt still herein;

Schmerz versteinerte die Schwelle.

Da erglänzt in reiner Helle

Auf dem Tische Brot und Wein.

Literatur:

1. Das Abendmahl. Eine Orientierungshilfe zu Verständnis und Praxis des Abendmahls in der evangelischen Kirche, vorgelegt vom Rat der Evangelischen Kirche in Deutschland. Gütersloher Verlagshaus 2003

2. Udo Hahn: Abendmahl. Grundbegriffe Christentum. GTB 684 2001

3. Michael Welker: Was geht vor beim Abendmahl? Quell Verlag Stuttgart 1999

4. Jörg Zink: Zum Abendmahl sind alle eingeladen. Warum ziehen die Kirchen Grenzen? Kreuz Verlag Stuttgart 1997

5. Jörg Zink: Gastliches Haus am Weg. Zum Verstehen des Abendmahls und der Eucharistie. Eschbach Verlag 2002

6. Abendmahl, Fest der Hoffnung. Grundlagen - Liturgien - Texte. Gütersloher Verlagshaus 2000

7. Brot des Lebens, Kelch des Heils.

Materialhefte der Beratungsstelle für Gestaltung von Gottesdiensten und anderen Gemeindeveranstaltungen Frankfurt. Heft 85. Frankfurt 1999

Landessuperintendentin i.R.

Oda-Gebbine Holze-Stäblein,

vormals Aurich, jetzt: Hannover

Kommt zum Abendmahl!

Kommt ihr Christen, kommt doch alle,
Jesus ruft zum Abendmahl!
Achtet auf den frohen Schalle,
kommt in Gottes Freudensaal!

Kommt! Der Tisch ist zubereitet,
Jesus selber ladet ein,
Und wenn Herz und Sinn geweitet
gibt es für uns Brot und Wein.

Kommt im Glauben! Kommt zum Leben!
Jesus macht heut alles neu,
er kann unsre Schuld vergeben,
kommet alle ohne Scheu!

Hans-Jürgen Sträter

Tischgemeinschaft

Mach dein Herz ganz weit,

lade alle ein.

Ist der Tisch bereit,

kommt zu Brot und Wein!

Hans-Jürgen Sträter